This book belongs to

Me lamo Delilah

Color
Color

Blanco
White

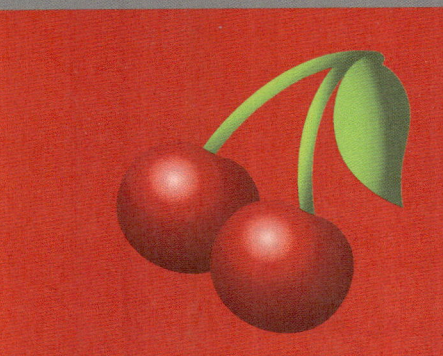

Rojo
Red

Verde
Green

Amarillo
Yellow

Rosa
Pink

Gris
Grey

Azul
Blue

Naranja
Orange

Violeta
Purple

Marrón
Brown

Negro
Black

Forma
Shape

Rectángulo
Rectangle

Triángulo
Triangle

Pentágono
Pentagon

Círculo
Circle

Cuadrado
Square

Trapecio
Trapeze

Figura
Figure

Uno
One

Dos
Two

Tres
Three

Cuatro
Four

Cinco
Five

Seis
Six

Siete
Seven

Ocho
Eight

Nueve
Nine

Diez
Ten

Familia
Family

Padres
Parents

Padre
Father

Madre
Mother

Niños
Children

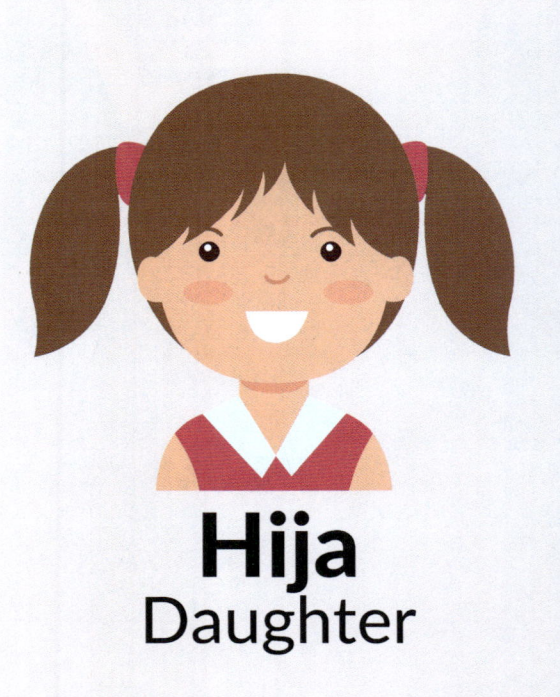

Hijo
Son

Hija
Daughter

Hermano
Brother

Hermana
Sister

Abuelos
Grandparents

Abuelo
Grandfather

Abuela
Grandmother

Cuerpo
Body

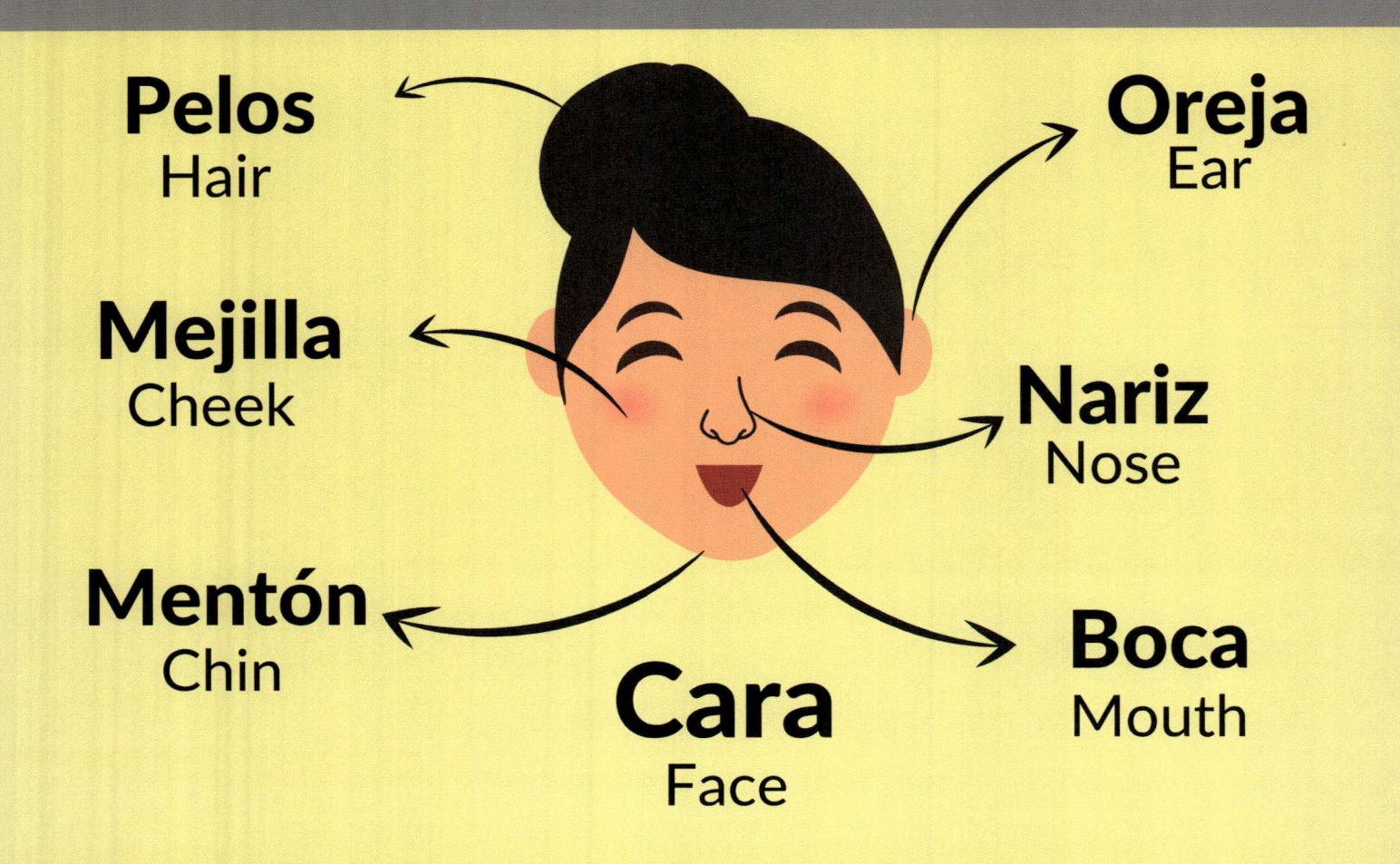

Pelos — Hair
Oreja — Ear
Mejilla — Cheek
Nariz — Nose
Mentón — Chin
Boca — Mouth
Cara — Face

Ceja — Eyebrow
Pestaña — Eyelash
Ojo — Eye

Cabeza
Head

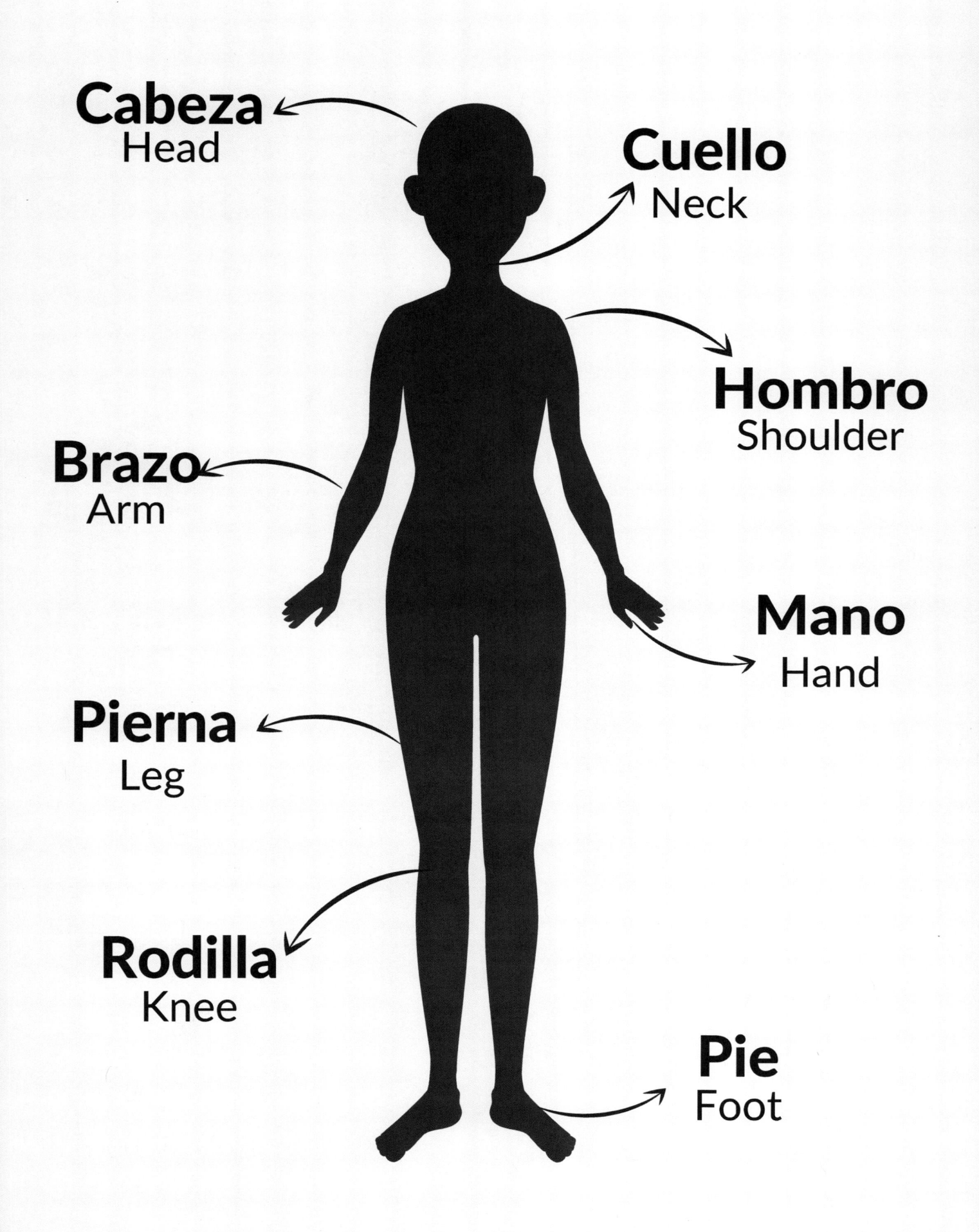

Cuello
Neck

Hombro
Shoulder

Brazo
Arm

Mano
Hand

Pierna
Leg

Rodilla
Knee

Pie
Foot

Ropa
Clothing

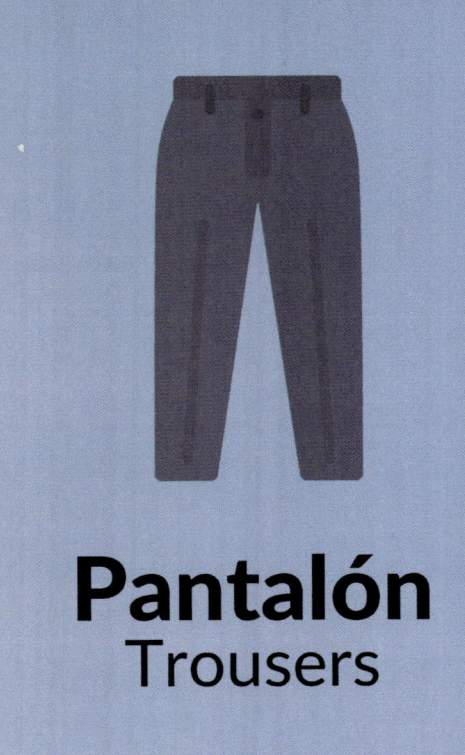

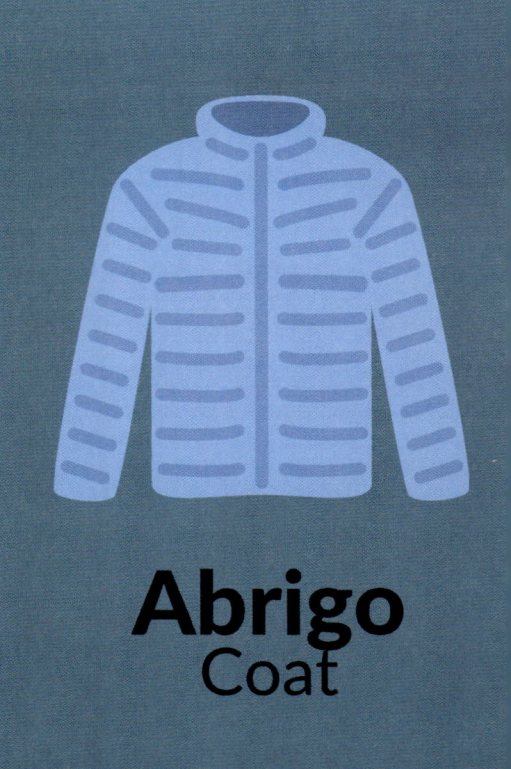

Pantalón Trousers	**Falda** Skirt	**Vestido** Dress
Camisa Shirt	**Suéter** Sweater	**Abrigo** Coat

Corbata
Tie

Calcetín
Sock

Zapato
Shoe

Sombrero
Hat

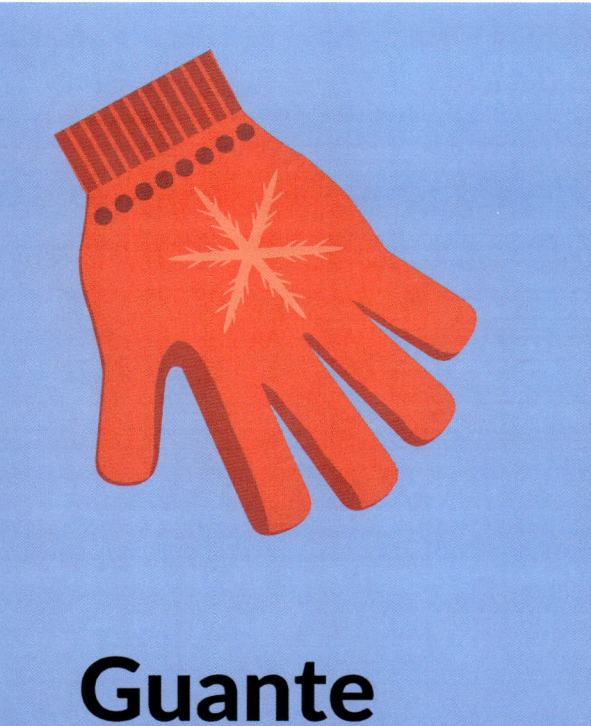

Guante
Glove

Bufanda
Scarf

Casa
Home

Mesa Table	**Silla** Chair	**Televisión** TV
Cama Bed	**Sillón** Armchair	**Cojín** Pillow

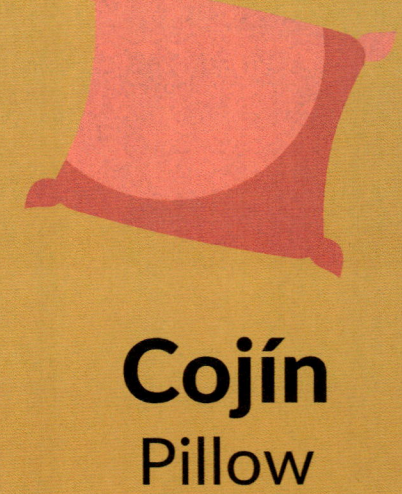

Bañera Bathtub	**Peine** Comb
Cepillo de dientes Toothbrush	**Dentífrico** Toothpaste
Toalla Towel	**Jabón** Soap

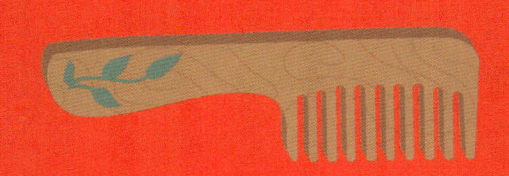

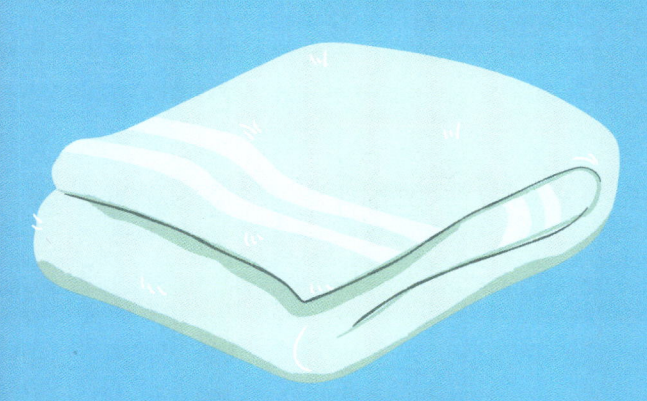

Animal
Animal

Perro
Dog

Gato
Cat

Conejo
Rabbit

Caballo
Horse

Gallina
Hen

Oveja
Sheep

Pato
Duck

Mono
Monkey

Vaca
Cow

Oso
Bear

Caracol
Snail

Pájaro
Bird

Tiburón
Shark

León
Lion

Araña
Spider

Pez
Fish

Naturaleza
Nature

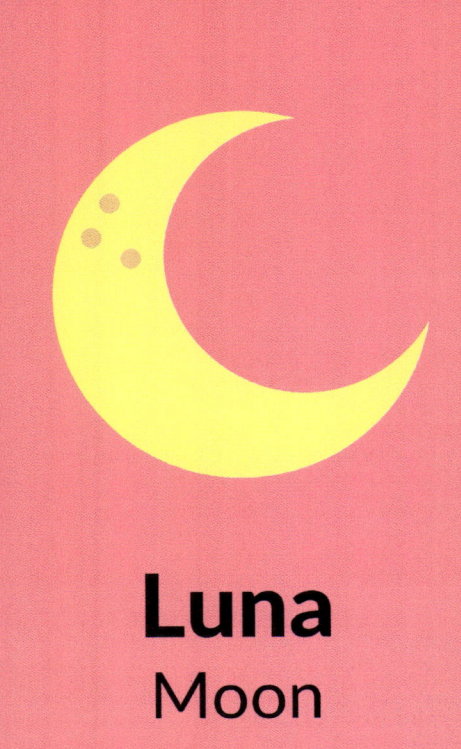

Sol
Sun

Luna
Moon

Nube
Cloud

Cielo
Sky

Iluvia
Rain

Día

Day

Noche

Night

Nieve Snow	**Hoja** Leaf	**Flor** Flower

Tormenta Thunderstorm	**Árbol** Tree

Transporte
Transport

Barco
Boat

Motocicleta
Motorbike

Bicicleta
Bicycle

Coche
Car

Autobús
Bus

Tren
Train

Avión
Airplane

Comida
Food

Arroz
Rice

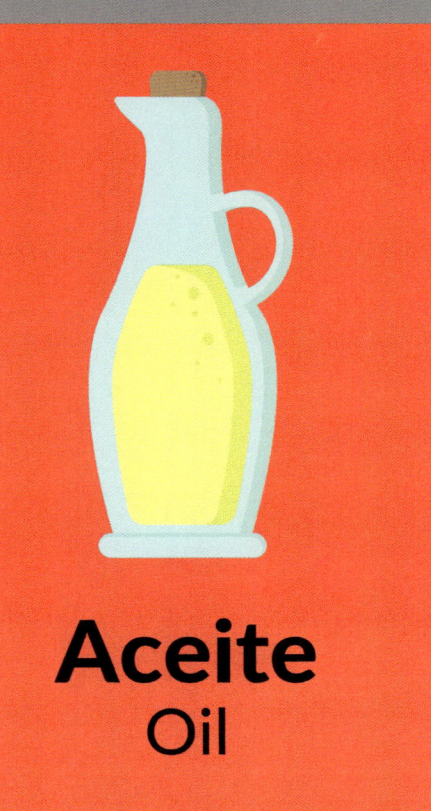

Aceite
Oil

Pan
Bread

Agua
Water

Leche
Milk

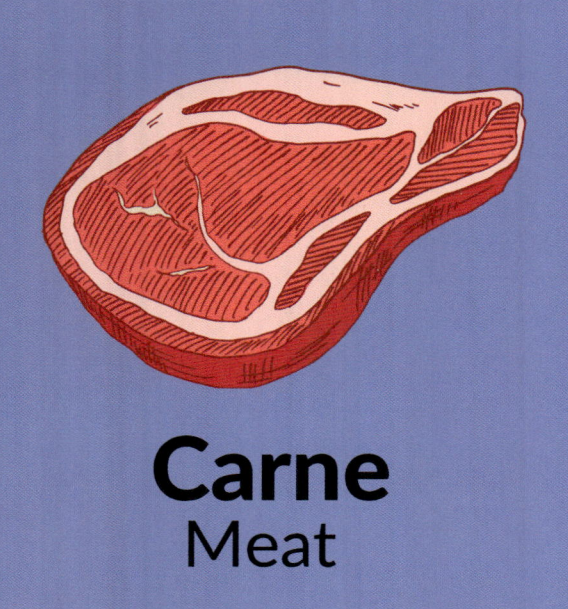

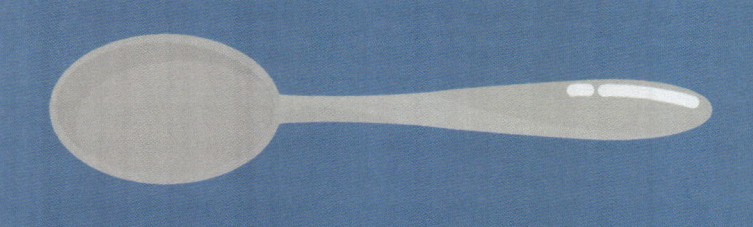

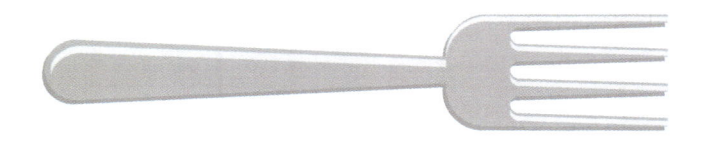

Carne Meat	**Azúcar** Sugar
Cuchillo Knife	**Sal** Salt
Cuchara sopera Tablespoon	**Tenedor** Fork

Vaso
Glass

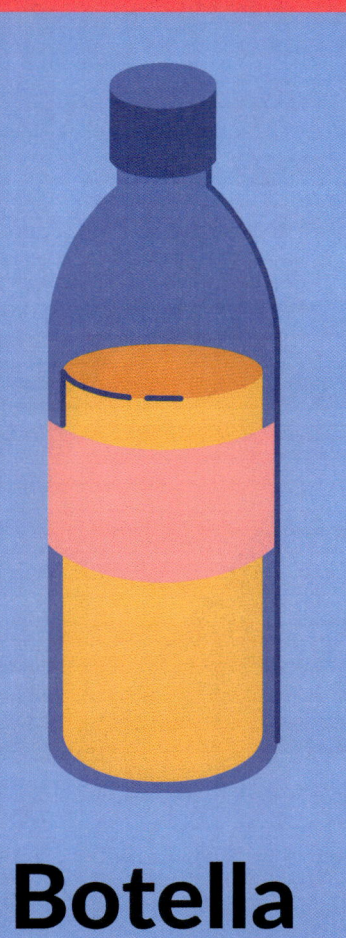

Palillos
Chopsticks

Plato
Plate

Botella
Bottle

Taza
Cup

Fruta / Verdura
Fruit / Vegetable

Plátano
Banana

Limón
Lemon

Manzana
Apple

Pera
Pear

Sandía
Watermelon

Puerro
Leek

Patata
Potato

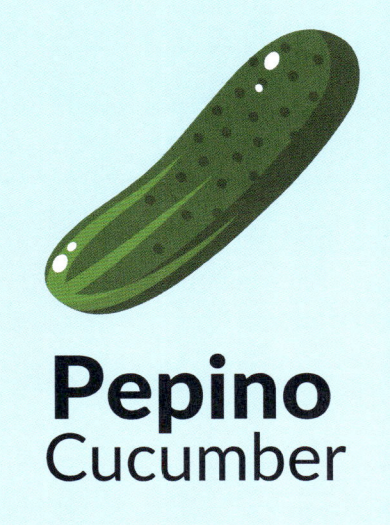

Pepino
Cucumber

Zanahoria
Carrot

Cebolla
Onion

Trabajo
Job

Bombero
Fireman

Médico
Doctor

Granjero
Farmer

Cocinero
Cook

Policía
Police officer

Profesor
Teacher

Cantante
Singer

Abogado
Lawyer

Enfermera
Nurse

Estaciones
Seasons

Primavera
Spring

Verano
Summer

Invierno
Winter

Otoño
Fall / Autumn

Deporte
Sport

Boxeo
Boxing

Equitación
Horse riding

Esquí
Skiing

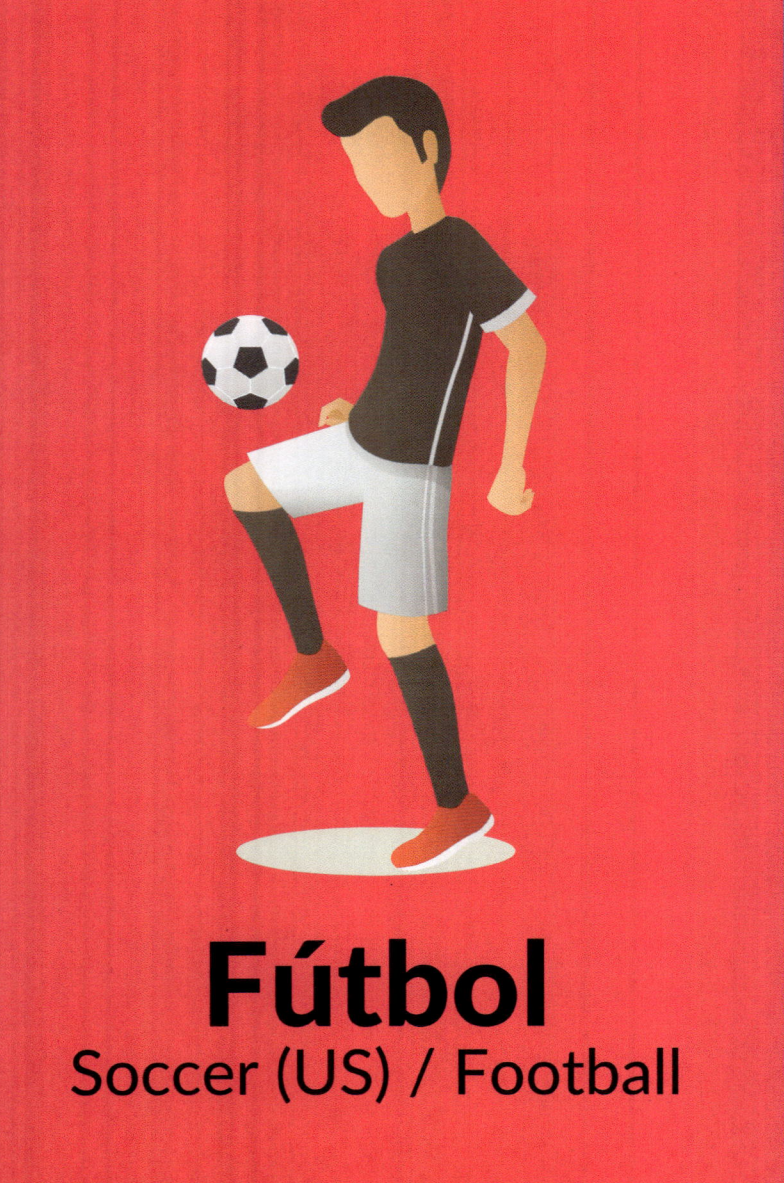

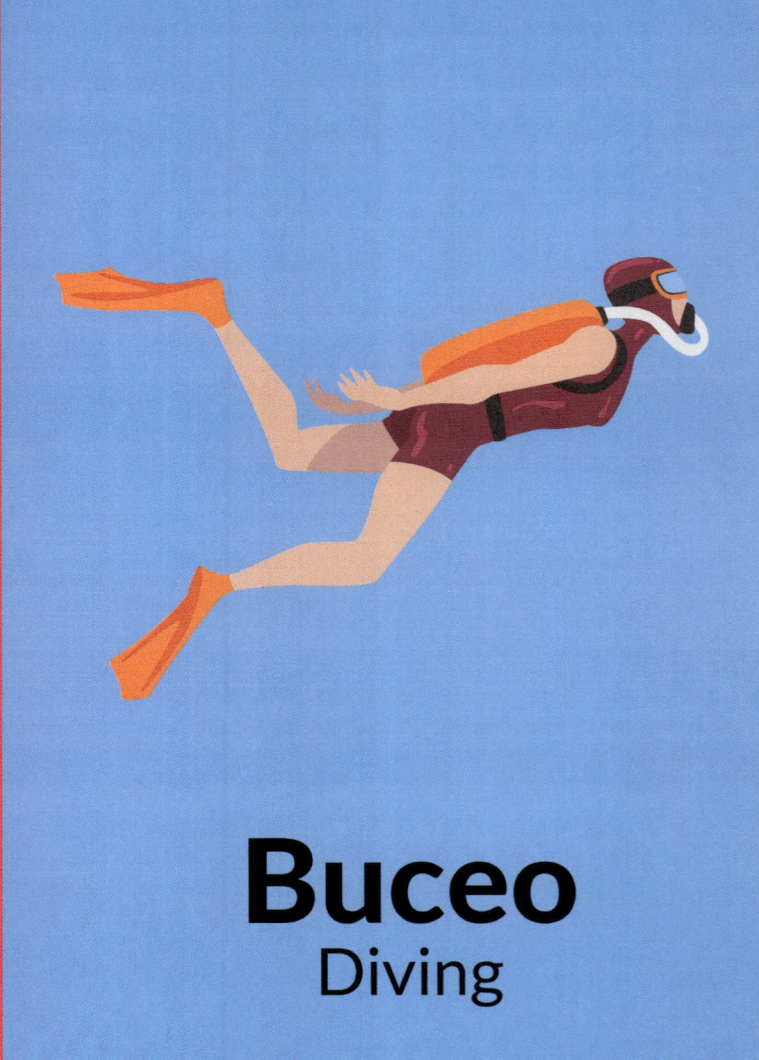

Fútbol
Soccer (US) / Football

Buceo
Diving

Carrera a pie
Running

Musculación
Bodybuilding

NOTES

NOTES

NOTES

NOTES

NOTES

Printed in Great Britain
by Amazon